AF204852

Sie sagt Ja. Er sagt Ja. Alles klar – Ehepaar!

Kinder über Liebe, Hochzeit und die Ehe

BAUM HAUS

Liebe ist wertvoller als
ein Goldschatz!

Jonas, 7 Jahre

Standesbeamter: „...dann
sagen sie „Ja, ich will!"

Und von hinten: „Das heißt
ich möchte!"

Alissa Joanna, 13 Jahre

Liebe ist wenn mann ganz viele Schmetterlinge im Bauch hat.

Sophie, 9 Jahre

Ich fiende das bei
hochzeiten die braut
Oft Schön aus sieht !

Juna, 7 Jahre

Frau Mann

Befor man heiratet muss man erst
prüfen ob man% in allen Teilen
zusammenpaßt.

Eva, 10 Jahre

Bevor ich auf der Welt war,
mussten meine Eltern alleine
spielen

Jannik, 7 Jahre

Mein Onkel und meine Tante heiraten im September. In der Pfarrkirche in Weildorf.

Ich mag meinen Onkel und meine Tante sehr weil ich mit meinem Onkel und Tante viel Spiele und Spaß habe

Julia, 10 Jahre

Wenn ich groß bin, heirate ich mei-nen Lehrer. Dann gibt der mir in jedem Fach ne

1.

Vanessa, 8 Jahre

Heiraten tut man auf Wolke 7

Leonie, 9 Jahre

Die Liebe findet einen immer!
Da braucht man sich nicht zu
verstecken!

Nils, 9 Jahre

Ich frage: „Mama, warum trägt die Braut immer weiß?"

Mama sagt: „Weil es der glücklichste Tag in ihrem Leben ist."

Und ich antworte: „Und warum trägt Papa schwarz?"

Carla, 9 Jahre

Eine Familie hält zusammen,
so wie Kless!

Jan, 11 Jahre

Wenn ich mal heirate, muss Mama mitkommen, weil ich nicht weiss, wo ich hin muss.

Ida, 8 Jahre

Wenn man verliebt ist,
bekommt man einen
HERZKOPF!

Mia, 6 Jahre

Wenn ein Paar sich trauen lässt,
wird es zusammengebunden.

STANDESAMT

Martina, 9 Jahre

Das beste am
heiraten ist der Kuchen!

Lucy, 7 Jahre

Heiraten verleiht Flügel

Jannik, 7 Jahre

Ich werde mal Pfarrer!
Dann habe ich
jeden Tag
Hochzeit!

Fabian, 11 Jahre

Ich heirate später mal meine Mama.
Eine andere Frau will ich nicht!

Nils, 8 Jahre

Aus Liebe macht man komische Sachen.
Manche heiraten sogar!

Svenja, 11 Jahre

Ehe

Dann mus man immer Teilen, auch wenn man gar nicht möchte.

Sophie, 9 Jahre

Willst du mich hairaten?

☐   ☐   ☐

Ja   Nein   filleicht

Jenny, 7 Jahre

Er sagt ja.

Sie sagt ja.

Alles klar - Ehepaar!

Sina, 11 Jahre

Wir bedanken uns herzlich bei den Kinderreportern der Bastei Lübbe AG
und allen anderen kreativen Mitarbeitern.

**KINDER-
REPORTER**

Sie finden die Bastei Lübbe-Kinderreporter unter
www.luebbe.de/kinderreporter

Originalausgabe

Bei Fragen zur Produktsicherheit wenden Sie sich bitte an: produktsicherheit@bastei-luebbe.de

Umschlaggestaltung: ZERO Werbeagentur, München
unter Verwendung einer Illustration von Eva Hahn
Satz und Grafik: Judith Knabe
Druck und Einband: DRUK-INTRO SA

Printed in Poland
ISBN 978-3-8339-4253-2

7 6 5 4 3

Noch mehr tolle Bücher, viele Videos und Ideen zum Basteln, Rätseln, Backen, Zeichnen und
Spielen gibt's hier: baumhausbande.com.

FSC
www.fsc.org
MIX
Papier | Fördert
gute Waldnutzung
FSC® C109273

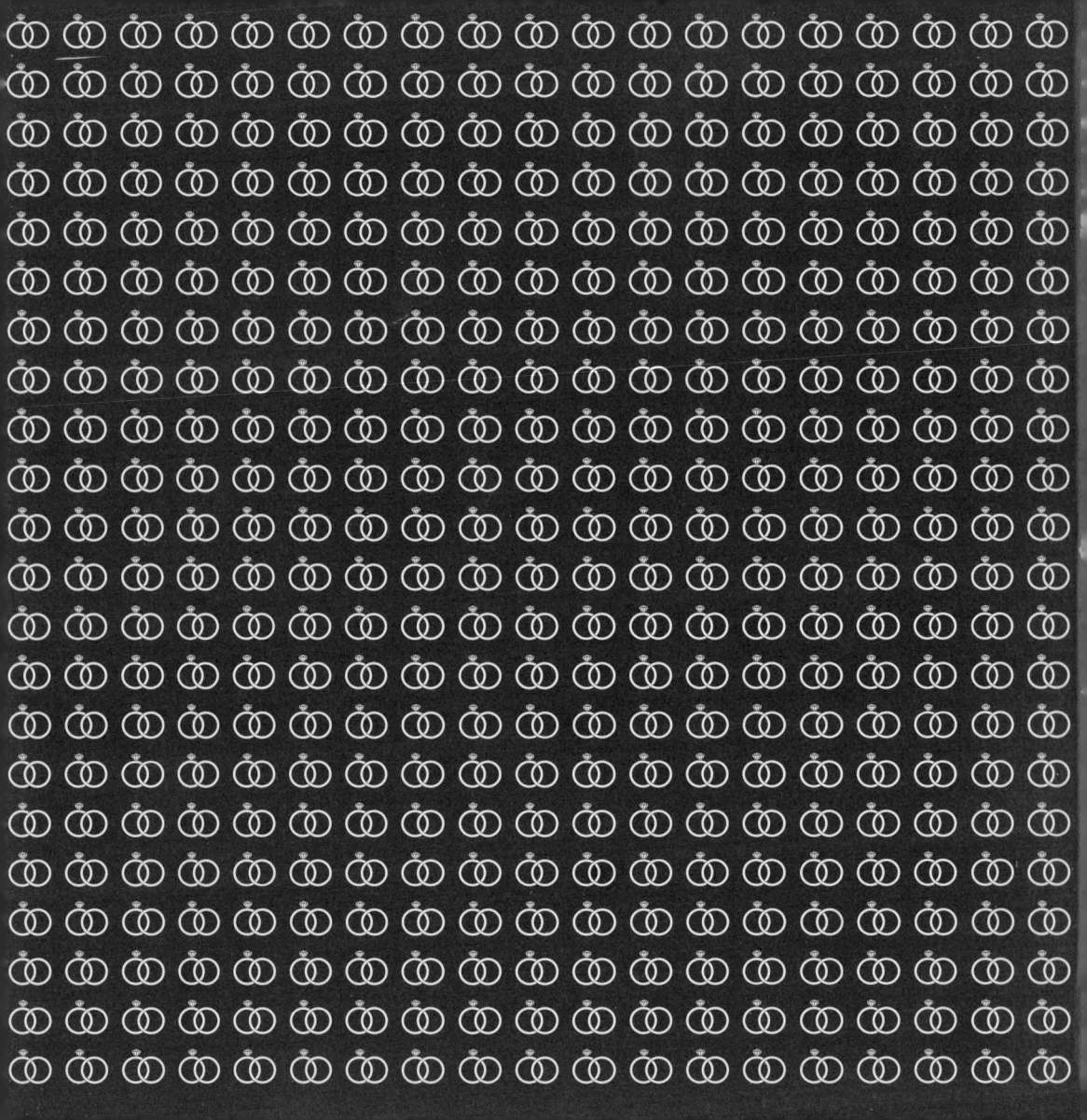